# ÉLOGE

## DE

# MALESHERBES.

Je poursuivrai, suivant les lois, tout contre-facteur de mon Ouvrage, et je ne reconnaîtrai que les Exemplaires qui porteront ma Signature.

# ÉLOGE

## DE
## MALESHERBES,

### PAR

### M. Honoré DUMONT,

### DE COUTANCES.

---

C'est un extrême bonheur pour les peuples, quand le Prince admet dans sa confiance et choisit pour le ministère ceux mêmes qu'ils auraient voulu lui donner, s'ils en avaient été les maîtres.
( La Bruyère, *Chap.* X. )

---

A COUTANCES,
De l'Imprimerie de J. V. VOISIN, Impr.-Lib.
Septembre 1821.

$C$ET Ouvrage a été envoyé à l'Académie Française, le 9 avril dernier, pour le concours du Prix de poésie qu'elle décernerait dans la séance publique du jour de la St-Louis. Quoique cet Écrit n'ait pas été couronné, l'Auteur ne regarde pas cette production comme tout-à-fait indigne du Grand Homme qu'il a voulu célébrer. Ainsi donc il croit pouvoir offrir cette Pièce de Vers au Public.

# ÉLOGE
## DE
# MALESHERBES.

Malesherbes, reçois en ce jour tutélaire,
L'hommage que je rends à ton grand caractère.
Quel noble dévoûment on vit briller en toi !
Tu défendis les jours de ton bienfaisant Roi.
Des révolutions, ô funeste délire !
La plus pure vertu s'y voit, hélas ! proscrire.
Auguste et malheureux, Louis est dans les fers.
Quel spectacle touchant il offre à l'univers !
Des grandeurs de ce monde ô fatale inconstance !
Et des Rois de la terre ô fragile puissance !
Jadis médiateur entre les Potentats,
Le voilà donc captif en ses propres États !
Sa personne est sacrée, elle est inviolable,
Et pourtant on l'outrage en ce jour lamentable !
Et comme un criminel, au pied d'un tribunal,
Il est interrogé par un pouvoir fatal.
Ah ! d'un Prince opprimé qui prendra la défense ?
Malesherbes, c'est toi dont la mâle éloquence

Ne connut point l'effroi dans ces jours détestés,
Qu'un inflexible sort semble avoir suscités.
La vertu n'a donc plus d'asile sur la terre :
Louis, de sa patrie est l'ange tutélaire ;
Nul mortel, plus que lui, n'aima l'humanité ;
Comme un cruel tyran le voilà présenté.
Qui pourra conjurer cette horrible tempête ?
D'implacables sujets ont demandé sa tête.
Mais quel vœu sacrilége ose attenter ainsi
sur un auguste front que n'ont point obscurci
Les périls imminens, le malheur et l'outrage,
Qui montre à l'univers un stoïque courage !

Peuples, que voulez-vous de votre Souverain ?
Chaque jour on a vu sa paternelle main
Répandre sur vous tous les bienfaits, l'abondance.
Que voulez-vous de plus ? ah ! de l'indépendance !
Ne vous suffit-il pas de vivre librement
Sous les paisibles lois de son gouvernement ?
Vous voulez renverser le meilleur des monarques !
Qui vous reconnaîtrait à ces funestes marques,
Français, peuple si doux, si grand, si généreux,
Si fidèle à ses Rois, et vraiment valeureux ?
D'un crime si fatal souillant notre patrie
Voudriez-vous, hélas ! qu'elle en restât flétrie ?
Hélas ! la liberté peut-elle être un bienfait,
Si vous l'accompagnez d'un horrible forfait ?
Oui, cette liberté serait trop achetée,
Si, par le sang du juste elle était cimentée.
La liberté, que dis-je ? ah ! Louis la donna ;
De sa sollicitude en France elle émana.

Fut-il jamais régime et plus doux , et plus juste
Que le gouvernement de ce Monarque auguste.
Oui , toutes les vertus on vit briller en lui.
Hélas ! il ne sut point conserver son appui !
MALESHERBES , TURGOT , de vous il s'environne ;
Vous eussiez maintenu sa royale couronne ,
S'il vous eût conservés au timon de l'État.
Ah ! l'on n'eût jamais vu le plus grand attentat !
Vous eussiez employé les plus sages mesures
Qu'auraient nécessité de graves conjonctures ;
Vous eussiez réparé les abus , les malheurs
Que l'on a réprochés à vos prédécesseurs.
L'État régénéré , sans trouble et sans orages ,
N'aurait jamais connu ces funestes ravages ,
Cette horrible terreur , ces bouleversemens ,
Et ces proscriptions , et ces déchiremens
Qu'on a vu désoler pendant dix ans la France ,
Et dont chaque famille a senti la souffrance.
Ah ! mettons à profit tant de calamités !
Craignons de troubler tout par nos témérités.

Non , n'effaçons jamais ces faits de la mémoire ,
Retraçons-en plutôt la véridique histoire ;
Qu'ils instruisent enfin les siècles à venir ,
Et contre les dangers viennent les prémunir.

MONTESQUIEU , je t'avais consacré mes prémices ,
Je fais de te louer mes plus chères délices ;
Depuis bientôt un an constamment je revois
L'éloge que je donne à ton Esprit des Lois.
Je célèbre en ce jour un beau trait qu'on renomme ;

J'interromps aujourd'hui pour un autre grand homme
Le cours de mes travaux et mes réflexions.
Comment mieux occuper mes méditations ?
Comment mieux satisfaire à mes vœux légitimes,
De n'exalter jamais que des cœurs magnanimes ?

C'est ici mon début, juges des vrais talens ;
Vous devez la couronne aux plus dignes accens,
Et je n'ose espérer cet honneur désirable
Que décerne un conseil pleinement équitable.
Orphelin dès l'enfance, et sans instruction,
La vertu m'a donné de l'émulation.
Après quarante hivers, le Dieu de l'harmonie
Viendrait-il échauffer mon trop faible génie ?
Je ne résiste point au plus doux des penchans;
L'art des vers a toujours des attraits attachans;
Et toujours une Muse aura notre suffrage
Quand la sincérité dictera son langage.
Le naturel exempt de l'affectation
Doit témoigner ici mon admiration.
Sous les coups du malheur, en butte à l'injustice,
J'ai pourtant cultivé le plus doux exercice.
Toujours persévérant dans le sentier du bien,
Mon cœur aime à louer l'excellent citoyen,
L'intègre magistrat, le vertueux ministre,
Modèle si parfait de quiconque administre.

Trois concours ont offert, en un jour solennel,
La palme de la gloire au fortuné mortel
Qui peindrait dignement avec son éloquence,
La plus haute vertu qui décore la France.

Je viens ici tenter cet effort hasardeux.
La modestie retient trop d'esprits généreux,
Ils craignent d'échouer dans la plus noble tâche
Qu'un zèle ardent me porte à suivre sans relâche.

Encourage, ô Vertu, mes timides efforts,
Epure mon langage, ennoblis mes transports.
Toi, MALESHERBES, vois du céleste empyrée,
Qu'ici-bas ta belle ame est par-tout révérée.
L'Europe se prosterne au pied du monument
Qui veut éterniser le plus beau dévoûment.
Qu'il soit digne de toi cet édifice illustre
Qui reçoit de ton cœur le plus éclatant lustre.
Chacun par son amour, ah! voudrait l'adorer,
Chacun, par son tribut, s'offre à le décorer.
Les plus grands Souverains, par leur munificence,
Déposent leur tribut au sein de notre France.
Chez nous, le citadin, le simple agriculteur,
Le modeste artisan, veulent avoir l'honneur
De venir concourir au projet magnanime
Que décerne en nos jours l'universelle estime.
Tous se sont réunis pour un si beau dessein.
La douce humanité les presse sur son sein.
Leur généreux élan, vivement, intéresse
Notre Patrie toujours si pleine de tendresse.
Elle accueille leurs vœux, leurs bénédictions,
A tous, elle sait gré de leurs intentions.
Oui, la plus humble offrande est toujours précieuse;
Alors qu'elle est l'effet d'une pensée pieuse.
Le zèle le plus pur sanctifie tous nos dons,
Quand c'est pour la vertu que nous les répandons.

Nous applaudissons tous à l'illustre entreprise
Qu'aux plus rares talens la Patrie a commise.

O Patrie éplorée, ô France, entends ma voix !
J'apporte mon hommage à l'ami de tes rois,
A l'ami de son peuple, à cette ame énergique
Qui proscrivit toujours le pouvoir despotique,
Qui du bonheur d'autrui fit sa félicité,
Que l'on vit héroïque avec simplicité.

Quel ministre jamais vit-on plus populaire,
Plus vraiment ennemi de l'injuste arbitraire ?
Illustre descendant du sang des Lamoignon,
Voyez-le rehausser l'éclat d'un si beau nom.
Président immortel d'une cour souveraine,
C'est-là qu'il montre une ame éminemment humaine.
Oracle révéré de nos augustes lois,
Toujours la vérité s'énonçait par sa voix,
Et l'équité toujours emprunta son langage
Pour régner sur les cœurs avec plus d'avantage.
Ah ! combien sont heureux les peuples et les rois,
Quand un tel magistrat est l'organe des lois !
Oui la justice alors est vraiment tutélaire,
Elle est éminemment auguste et salutaire,
Elle est le fondement de la société,
Et le garant certain de notre sûreté.

Ton ombre, Lamoignon, plane dans cette enceinte,
Qui de ta vertu même a conservé l'empreinte.
Tu vins siéger ici dans tes jours fortunés,
Des hommages flatteurs te furent décernés.

Là, tu fus accueilli d'une voix unanime,
Tant pour toi l'on avait une éclatante estime.
La France tressaillit à ce glorieux choix,
Qui vraiment honorait les lettres et les lois.
Nul n'entra dans la lice en voyant MALESHERBES
Venir porter ses pas sous ces voutes superbes;
Tout lui céda la palme et voulut applaudir
A ce choix qui faisait la vertu resplendir.

LAMOIGNON, ta mémoire appartient à la terre :
Ainsi donc, en peignant ton noble caractère,
Je crois devant mes yeux voir l'univers entier
Venir ceindre ton front d'un auguste laurier,
De ce laurier de paix, simbole d'alégresse,
Que dans l'élysée même y reçoit la sagesse.
Le sceptre de Thémis a reçu de tes mains
Un éclat qui te rend le premier des humains.

Quelle noble vertu distinguait ce grand homme !
Jamais rien de plus grand ne se trouva dans Rome.
Jamais l'antique Grèce, en ses temps si fameux,
Ne put montrer au monde un cœur plus généreux.
Il voyait s'avancer le progrès des lumières,
Il voulait qu'on ouvrît d'impuissantes barrières
Qu'on osait opposer à la marche du temps ;
Il voulait préparer les vastes fondemens
Où l'on allait asseoir l'édifice des âges.
Il savait pressentir les plus grands avantages
Qui devaient résulter de toute liberté
Devenant le lien de la société ;
Mais il savait prévoir que trop de résistance
Causerait des malheurs funestes à la France.

Ah ! que n'écouta-t-on sa pénétration,
Puisqu'il voulait le bien de notre nation !

Quand Louis, détenu dans la prison du Temple,
Méditait sur les maux terribles, sans exemple,
Dont la France et lui-même éprouvaient les effets,
Il rappelle en son cœur les signalés bienfaits
Qu'il désirait répandre au sein de la patrie.
A ce seul souvenir son ame est attendrie.
Toujours passionné pour nos prospérités,
Il s'intéresse à nous dans ses adversités ;
Il cherche à découvrir si pendant tout son règne
On n'a point négligé ce que le temps enseigne :
Il veut voir si des plans utiles à l'Etat
Ne sont point demeurés sans aucun résultat.
Il se rappelle alors d'un projet remarquable
Qui lui fut présenté par un homme admirable,
Mais que fit repousser un conseil envieux.
Il veut que cet écrit soit remis sous ses yeux.
MALESHERBES, l'auteur d'un mémoire si sage,
Fait voir que maintenant il n'est d'aucun usage ;
Il craindrait d'augmenter encore les douleurs
D'un Prince qui déjà souffre tant de malheurs.
LOUIS persiste alors à prendre connaissance
D'un projet qui vraiment fut de haute importance.
MALESHERBES remet forcément à son Roi
Cet écrit dont, hélas ! ne fut fait nul emploi.
Il revient à la tour après cette entrevue,
Il voit que de LOUIS l'ame est par trop émue.
Ce Prince dans ses bras le presse en ce moment.
O sensibilité ! quel noble sentiment !

Quel hommage reçoit la vertu sur la terre !
Ah ! combien de Louis il peint le caractère !
Combien il sanctifie encore ses malheurs,
Et comme il méritait de régner sur nos cœurs !

MALESHERBES, ton Roi te couvre de ses larmes,
Il reconnaît trop tard que tes vives alarmes
Etaient vraiment l'effet de ce discernement
Qui connaissait le cours de son Gouvernement.
Combien il regrettait que ta rare sagesse
N'eût pas sauvé l'Etat plongé dans la détresse !
O mon Dieu ! les conseils des plus dignes humains
Sont parfois dédaignés des meilleurs Souverains !
La médiocrité, la cabale et l'intrigue
Contre les grands talens font toujours une ligue ;
Puis obsédant les Rois éloignent de leurs yeux
Les plus sages avis, les conseils précieux.
Ah ! préservez les cours de cette perfidie !
Oui toujours près des Rois la bassesse mendie,
Elle épie les moyens de tromper les projets
Qu'ils vont exécuter pour le bien des sujets.

Les Rois doivent avoir assez de clairvoyance
Pour savoir bien placer leur haute confiance.
S'ils veulent voir l'Etat dans la prospérité,
Qu'ils soient bien secondés, alors l'autorité
Deviendra paternelle et vraiment protectrice.
On n'y verra jamais l'inertie corruptrice,
Ni la grande rigueur, ni l'abus du pouvoir,
Et le peuple toujours sera dans le devoir.
Pour prévenir les maux, il faut que la prudence

Invoque les leçons qu'offre l'expérience.
Ah ! combien dans un Prince il faut de fermeté
Pour ne pas dépouiller de leur autorité
Les Ministres zélés que veut perdre l'envie,
Qu'hélas elle poursuit pendant toute leur vie.
Les malheurs des Etats sont venus bien des fois
De ce qu'on révoqua de judicieux choix
Auxquels applaudissait la saine politique,
Puisqu'ils avaient pour but l'utilité publique.
Mais le mal vint aussi de la ténacité
Qu'on mit à soutenir trop d'incapacité.

Monarques, pesez donc le mérite des hommes
Que vous chargez d'agir sur tous tant que nous sommes,
Voyez s'ils sont actifs, équitables, humains,
Si la cupidité n'est point dans leurs desseins,
Si l'esprit de parti n'aveugle point leur ame,
Et si notre bonheur par leur voix se réclame.
Voyez si la patrie avec vous est d'accord
Pour que de ses enfans on leur confie le sort.
L'opinion publique est sans doute un suffrage
Que doit toujours connaître un Prince juste et sage.
Vous savez dira-t-on retirer le pouvoir
A celui qui n'a pas bien rempli son devoir ;
Mais un pareil remède est souvent inutile
Pour réparer les maux d'un ministre inhabile.
En changeant trop souvent, rien ne se rétablit,
Rien ne se consolide et rien ne s'affermit.
Chaque homme a son système auquel il sacrifie
Quelquefois l'intérêt qu'en ses mains on confie,
Son amour-propre encor le porte à censurer

Tout le bien qu'avant lui l'on voyait s'opérer ;
Il dérange les plans de l'homme qu'il remplace,
Et croirait s'abaisser en marchant sur sa trace.
De là tant de projets faibles, incohérens,
Que sous un même règne on voit si différens.
Pour la félicité de la chose publique,
Faut-il cent fois changer de règle politique ?

   Ministres écoutez ce conseil bien prudent,
D'où devra résulter un bien-être évident :
Aimez toujours la loi, prenez-la pour boussole,
Puisque de l'équité c'est toujours le symbole.
Il n'est qu'un seul moyen propre à notre bonheur,
C'est de suivre toujours le sentier de l'honneur.
Alors on vous verra sagement populaires,
Et vous ne commettrez nuls actes arbitraires.
L'intérêt du Monarque et celui des sujets
Ne seront point pour vous deux différens objets.
Vous verrez que toujours l'un à l'autre ressemble,
Et pour mieux les unir vous les fondrez ensemble.

   Vous d'Amboise et Sully, d'Aguesseau, l'Hopital,
Et vous aussi Colbert, Ministre capital,
MALESHERBES avait votre ame généreuse.
Comme vous il voulait voir sa patrie heureuse,
Mais il connaissait mieux l'étendue de nos droits,
Il voulait qu'on unît le Monarque et les lois,
Il voulait limiter tout pouvoir trop extrême,
Et que la loi régnât sur le Prince lui-même.

Un vrai discernement dans un homme d'état

2

Aura pour son pays un heureux résultat ;
Il pourra tenir lieu de toute expérience ,
Et lui faire acquérir la profonde science.
Alors que l'horizon paraît calme et serein ,
Il saura découvrir dans le plus grand lointain
Un signe avant-coureur d'une horrible tempête.
A tout événement sa vigilance est prête.
De tous les intérêts il sait faire un faisceau.
Pilote prévoyant , il conduit son vaisseau
Loin des autans fougueux, dans un port salutaire ;
Et sans le diriger d'une main téméraire ,
Il sait le maintenir par ses efforts constans
A l'abri des fureurs , des flots trop écumans.
C'est ainsi qu'un Ministre agit avec prudence ,
Et fait sentir l'effet de sa douce influence.

Ne cachez point les plaies qu'un état peut avoir ;
Car de vos citoyens c'est trahir tout l'espoir.
Sondez la profondeur de tout mal qui s'annonce :
Négligez un état , dans l'abîme il s'enfonce.
Pourquoi voit-on souvent tant de destructions,
De bouleversemens, de révolutions ?
C'est qu'un peuple endormi languit dans la mollesse ,
Et se laisse accabler de sa fatale ivresse.
Son apathie , hélas ! ne commence à cesser
Que quand l'affreux péril vient enfin le presser ,
Que quand il voit ainsi chanceler l'édifice ,
Et que va s'entrouvir l'horrible précipice.
Il se réveille alors , saisi d'un juste effroi ,
Il se jette en tremblant dans les bras de son Roi ;
Il vient le conjurer de calmer les orages.

Qu'un déluge de maux cause par ses ravages.
Quel remède apporter à ces calamités ?
Les sujets, le Monarque en sont épouvantés ?
L'on a tout négligé, tout est en décadence,
Depuis un long espace on voit tout en souffrance.
Les lois ont disparu ; les institutions
Ne peuvent arrêter les lâches actions.
Les règnes ont pesé sur cette monarchie
Sans l'avoir d'un abus seulement affranchie.
Le vaisseau de l'état que l'on doit réparer,
A mesure qu'on voit sa force s'altérer,
N'en a jamais reçu ce secours nécessaire
Qu'il aurait obtenu d'un règne tutélaire.
On le voit dépourvu des importans objets
Qu'il faut pour parcourir de paisibles trajets,
Et l'on veut le lancer au milieu de l'orage !
Pourra-t-il éviter un terrible naufrage ?
Trop heureux s'il échoue en un rivage ami,
Et si les nautonniers aussi n'ont point péri.

Oui la mort de Louis est en leçons fertile.
Tirons-en d'autre fruit qu'une douleur stérile.
Puisque la politique attache à son trépas
Un intérêt puissant pour les divers états,
Ce n'est point s'écarter de ce devoir qu'impose
Le sujet qu'à nos soins l'Académie propose
Que d'offrir un tableau succinctement tracé
Des exemples fameux que donne le passé
A nos contemporains comme aux races futures,
Pour leur faire éviter d'affreuses conjonctures.

Peuples de l'univers, et vous leurs souverains,

Vos destins importans sont souvent en vos mains.
Unissez vos efforts et votre vigilance ,
Et vous affermirez une sage puissance.
N'attendez pas , hélas ! pour concerter vos soins ,
Que l'état accablé sous le poids des besoins
Ne puisse être étayé d'un appui salutaire.
Trop de retardement entraîne d'ordinaire
De funestes effets , des révolutions
Que ne peuvent calmer vos résolutions.
Une fatalité semble alors tout conduire ,
Et des maux inouis se voient enfin produire.

Si vous ne veillez pas , l'état tombe en langueur ,
La moindre alarme alors vous frappe de stupeur ,
Tandis qu'accoutumés à suivre avec prudence
Les mouvemens qu'aura cet état en silence ,
Vous découvrirez mieux les oscillations
Qui pourront résulter du jeu des factions.

Une convention , qui croit être la France ,
Exerce dans l'état la suprême puissance.
Le sort de son Monarque en ses mains est remis.
A côté d'elle , hélas ! s'est formé dans Paris
Un pouvoir tyrannique , atroce , abominable ,
Qui cherche à provoquer un arrêt exécrable.
On va juger un Roi : cette décision ,
D'un si grand intérêt pour notre nation ,
Devrait être rendue avec calme et sagesse ,
Et loin du soufle impur de la scélératesse.
Que dis-je ? ah ! pouvait-on jamais juger ce Roi
sans nuire à la patrie et violer la loi ?

Des massacres sans nombre ont glacé d'épouvante
Même les partisans de la grande tourmente.
Des hommes forcénés, un poignard à la main,
Demandent le trépas de notre Souverain.
La Révolution n'a plus rien qui la guide;
Rien ne peut réprimer une rage homicide.
L'être le plus impur, l'homme le plus affreux,
Peut exercer par-tout ses crimes désastreux.
Oui, la France est livrée à l'horrible anarchie,
Et la Convention n'en est point affranchie.
Dans son sein même alors sont des dissentions.
Qu'elle va s'attirer de malédictions,
Si l'on ne la voit pas être assez magnanime
Pour sauver en ce jour une grande victime,
Sans redouter ainsi le fer des assassins
Qui veulent voir par elle accomplir leurs desseins!

Louis vient comparaître au milieu du prétoire;
On veut l'humilier, on augmente sa gloire.
Qu'il montre de sagesse et quelle dignité
Rehausse de ses traits encor la majesté !
La vertu la plus calme en son visage est peinte,
Tandis qu'il voit régner autour de cette enceinte,
La plus farouche audace aux yeux étincelans,
Qui fait tout retentir de ses cris effrayans.

Mais pour sauver Louis, dans cette circonstance,
De ses nobles foyers, MALESHERBES s'avance.
Il a sollicité le précieux honneur
Que fait jaillir sur lui la plus grande faveur.
Son ame déploierait toute son énergie.

Pour braver les clameurs de la démagogie.
Malesherbes, tu sais qu'en défendant ton Roi,
La haine des méchans va s'acharner sur toi.
Plus le danger est grand, plus ton courage augmente :
Oui, de l'humanité tu remplirais l'attente,
Si la noble vertu, les efforts généreux,
Pouvaient jamais fléchir un peuple furieux.
Ah! la postérité doit révérer ta gloire !
Le monde va bénir ton œuvre méritoire.

Vous, Tronchet et Desèze, orateurs immortels,
Vos noms seront placés sur les nombreux autels
Qu'au plus digne Monarque élèvera la terre.
Ah ! que votre mémoire à jamais sera chère !
Que vos touchans efforts pour sauver votre Roi,
Ennoblissent encor votre honorable emploi !
Malesherbes en vous trouva le plus beau zèle
Qui pouvait seconder son ardeur immortelle.
Le plus pur sentiment seul conduisit vos pas
Dans l'enceinte où l'on vit ces terribles débats.
Vous sûtes démontrer, jusques à l'évidence,
Les vertus de Louis, sa parfaite innocence.

Courageux défenseurs de l'auguste Louis,
Puissiez-vous l'arracher à ses maux inouis.
Ah ! s'il faut qu'il renonce au trône de ses pères,
Qu'il aille vivre au moins sous des lois tutélaires !
Que sous un ciel propice, il adresse des vœux
A l'Être tout-puissant pour qu'il nous rende heureux !
Pour effacer les maux de l'horrible anarchie,
Si l'on rétablissait un jour la monarchie,

Que Louis soit alors, par le vœu des Français,
Rappelé sur le trône avec un plein succès ;
Que du plus tendre amour son peuple l'environne,
Puisque, sincèrement, à tous il nous pardonne.
Mais, hélas ! ces soupirs ne sont point entendus,
Nos vœux et notre espoir vont donc être perdus !

C'en est fait, ô mon Dieu ! ce Roi juste succombe......
MALESHERBES bientôt le suivra dans la tombe.....
Providence du Ciel, vos immuables lois
Ne protègent donc point les plus vertueux Rois ?
Ne les choisissez-vous pour régner sur la terre,
Ne mettez-vous en eux un divin caractère,
Que pour les délaisser au milieu des dangers
D'un monde dont les biens ne sont que mensongers ?
Mais qui peut, ô mon Dieu ! pénétrer vos mystères ?
O divin Rédempteur ! que toutes nos misères
Sont faibles devant vous, qui voulûtes mourir
Afin de nous apprendre en ce monde à souffrir !

Sainte religion, tendre consolatrice
Des mortels que poursuit le crime et l'injustice,
Ta croyance adoucit les plus affreux malheurs,
Et vient nous soutenir dans nos grandes douleurs.

Ah ! reçois à jamais nos actions de graces,
Vertueux de FIRMONT, pour tes soins efficaces !
Ta parole a porté la consolation
Dans le cœur de ce Roi plein de dévotion.
Tu célèbres pour lui le plus saint des mystères ;
Louis est prosterné, ses ferventes prières

Arrivent jusqu'aux cieux, sur l'aile de la foi.
Il est connu de Dieu cet infortuné Roi
Que des hommes cruels abreuvent d'injustices,
Qui va bientôt jouir d'ineffables délices.
Tu te tournes vers lui, ta main va le bénir.
Mais quel étonnement à tes yeux vient s'offrir!..
Louis est radieux et rayonnant de joie,
Un immortel éclat sur son front se déploie ;
Il te semble goûter le ravissant bonheur
Que donne aux bienheureux le séjour du Seigneur.
En lui tu ne vois plus un mortel, un Roi même....
Il te semble de Dieu le ministre suprême,
Cet ange qui descend du céleste séjour
Quand Dieu veut à la terre annoncer son amour.
Par un saint mouvement ton ame transportée
A vouloir l'adorer est alors excitée.....

Digne Louis votre ame est appellée au Ciel,
Montez vers le séjour qu'habite l'Éternel;
Allez y recevoir le plus beau diadême
Que vous a préparé notre Dieu qui vous aime ;
Soyez près du très-Haut notre médiateur,
Le patron de la France et son intercesseur.

Malesherbes retourne habiter ton domaine;
Ah! fuis, éloigne-toi d'une rage inhumaine.
La douce paix n'est plus au sein de nos cités,
Heureux qui n'a point vu tant de calamités !
Reviens parmi tes champs, tes enfans qui t'adorent,
Et tes concitoyens qui tes vertus honorent.
La sanglante terreur pourrait-elle outrager
Cet asile sacré qui veut te protéger ?

Puisse ta renommée à jamais si sublime
N'attirer point sur toi l'attention du crime !

Retiré des grandeurs, loin des plaisirs mondains,
Ne pourra-t-il finir ses paisibles destins
Au sein de la retraite et de la solitude ?
Ah ! laissez-lui ce fruit de sa sollicicitude
Pour l'intérêt public et le bien de l'état !
L'injustice envers lui serait un attentat.
Écartez, ô mon Dieu ! du séjour d'un tel sage
Tout souvenir amer et tout sombre nuage.
Ah ! qu'il goûte long-temps les paisibles douceurs
Qu'un champêtre séjour fait naître dans les cœurs !

Une famille aimable et pure, intéressante.
Entoure sa vieillesse et la rend si touchante.
Oui c'est là que l'on voit la douce aménité,
L'union, la candeur et la félicité.
Nourrie de ses leçons, formée par son exemple,
O combien de vertus cette maison rassemble !
Nulle ostentation, nul faste dédaigneux
Ne rebuta jamais ici le malheureux.
Celui qui l'implorait la trouvait secourable,
A tout ce qui fut juste elle était favorable.
L'esprit et les talens, la grace et la beauté
Se trouvent dans ces lieux unis à la bonté.

Des plus lointains climats les merveilleuses plantes
Montrent dans ses jardins leurs corolles brillantes.
A son contentement tout voudrait concourir ;
Son habitation, tout aime à l'embellir.

L'Inde, la Palestine et les bords Idumées
Étalent dans ses bois leurs tiges étonnées,
Qui semblent applaudir entre elles à l'honneur
Dont la vertu pourvoit leur digne possesseur.
Elles aiment les soins que donne à leur culture
Cet illustre savant qui chérit la nature.
Les cèdres, les palmiers inclinent leurs rameaux
Sur ce front vénérable aimé de ces coteaux.
Sous leur ombrage frais délassant sa pensée,
Des tableaux si rians l'ont bientôt renforcée.
Les arbustes, les fleurs, odorans, précieux,
De son asile ont fait un lieu délicieux,
Ils charment les regards de cet homme sincère
Qui de leurs attributs connaît tout le mystère.
Ils semblent redoubler leurs parfums, leurs couleurs,
Pour tâcher d'adoucir les plus grandes douleurs
Que son ame ressent des maux de sa patrie.
Mais, ô forfait affreux ! ô rage, ô barbarie !
Ce généreux Français qui pendant soixante ans,
Fit entendre sa voix, ses discours éloquens.
Pour le bonheur du peuple... à ses champs on l'enlève,
Et cet acte inhumain sans obstacle s'achève.
Quelle rigueur, hélas ! et quelle cruauté !
Ce jour le voit plonger dans la captivité.
Ces cheveux tout blanchis pour la cause commune
Ne le sauveront point d'une atroce infortune....
Mais sa détention lui montre des vertus;
Dans ces prisons il voit d'illustres détenus,
Des grands noms qui jadis l'honneur de notre France,
Maintenant sont proscrits pour leur haute naissance.

Il entre : tout se lève à son auguste aspect,
Chacun vient lui donner des marques de respect ;
Et lui, d'un air serein, d'un ton modeste et sage,
De tous leurs sentimens il accepte ce gage.

Bientôt il comparaît devant ce tribunal
Qui déploie sur la France un pouvoir infernal.
Par sa présence alors, ces juges implacables
Semblent rougir enfin de leurs vœux trop coupables.
Il montre un noble orgueil en voyant ces pervers.
Quand ils inventeraient des supplices divers,
Ils ne mettront jamais la crainte dans son ame ;
D'un héroïsme pur il sent toute la flamme.
En voyant ce vieillard que vénérait Thémis,
On dirait que leurs cœurs se trouvent attendris.
Lui de la grandeur d'ame est la parfaite image.
Ils ne peuvent fixer son auguste visage,
En prononçant, hélas ! cet exécrable arrêt
Qui des cœurs vertueux fait frémir l'intérêt.
Il entend proférer cette inique sentence,
Sans trouble et sans effroi, dans un profond silence
Mais ce silence encore exprime éloquemment
Toute l'atrocité de l'affreux jugement.
Force de la vertu, belle et noble assurance,
Que ne peut point abattre une injuste puissance,
Calme de l'innocence au milieu des revers
Ta constance sublime étonne l'univers !

Quelle scélératesse ! ah ! quelle horrible offrande
Que le crime à la terre en ce jour lui demande !
O jour funeste, hélas ! ô moment trop affreux !

Evénement terrible et vraiment désastreux !
Devant ses yeux il voit immoler sa famille :
Son gendre Rosambo , son épouse et leur fille,
L'époux de celle-ci vont terminer leurs jours
Avant que de sa vie on ait tranché le cours.
Quel spectacle, grand Dieu ! pour les regards d'un père !
De toutes les douleurs elle est la plus amère.

Malesherbes, ta mort est un bienfait pour toi,
Tu meurs avec courage et digne de ton Roi.
Ton trépas est pour nous un malheur lamentable.
Qui pourrait égaler cet homme incomparable ?
Un homme qui soit né dans le sein des grandeurs ,
Que n'aient point endurci les titres , les honneurs ;
Un homme en qui le Prince ait toute confiance ,
Et dans qui les sujets placent leur espérance ;
L'énergique soutien des hommes opprimés ,
Le défenseur zélé des sages libertés ;
Un grand homme d'état dont la vertu publique
Fortifia toujours la saine politique ;
Un Conseiller sincère à la cour de son Roi ,
Un Ministre fidèle au Monarque , à la loi ;
Un Magistrat affable et plein de vigilance ,
Qui proscrivit toujours l'injuste intolérance ;
Un homme simple , doux , aimable , généreux,
D'un esprit étendu , profond , laborieux ,
Méthodique , éloquent , plein d'ordre et de sagesse,
Dont le cœur fut exempt de fougue et de faiblesse ;
Un digne protecteur des sciences , des arts ,
Qui toujours fleurissaient sous ses puissans regards ;
Une ame indépendante et vraiment élevée ,

Que la crainte sur-tout n'a jamais entravée ;
Un homme qui chargé d'un éminent pouvoir
Déploie dans ses loisirs un immense savoir ,
Et ce savoir enfin l'employant à répandre
Ce que l'humanité peut jamais en attendre ;
Un esprit au-dessus de tous les préjugés ,
Qui voulut toujours voir les abus corrigés ;
Un homme qui suivit avec persévérance
Les plans qui demandaient la plus grande constance ;
Un personnage exempt de toute ambition ,
Toujours innaccessible à la prévention ;
Un homme modéré dans la haute fortune ,
Montrant dans les revers une ame peu commune.
En disgrace , en faveur , toujours prêt à servir
Son Prince et son état , sans nul autre désir
Que celui d'être utile au bonheur de la France ,
Dût-on n'en conserver nulle reconnaissance.
Enfin l'un des mortels que l'être souverain
Forme pour faire honneur à tout le genre humain.
C'est là certainement la fidèle peinture.
De l'homme que combla de ses dons la nature.

O France ! as-tu donc pu ce grand homme immoler ,
Lui qui de tes malheurs voulait te consoler ,
Lui qui veilla toujours pour calmer ta souffrance,
Et qu'animait pour toi l'active bienfaisance ?
France , tu n'étais pas maîtresse de ton sort ,
Un tribunal sanglant condamnait à la mort
Quiconque déplaisait à son affreux régime ,
Et toujours devant lui la vertu fut un crime.
D'innombrables humains , stupéfaits , attérés ,

Ne savaient que gémir sur des maux abhorrés.
Dieu semblait déployer sa terrible puissance
Pour venger d'un saint Roi le trépas, l'innocence.
L'ange exterminateur était-il descendu
Afin de moissonner tout un peuple éperdu ?
Les factions aussi se combattaient entre elles,
Toutes se déchiraient de leur mains criminelles.
Coupables, innocens, immolés tour à tour,
Maudissaient, bénissaient, le redoutable jour
Qui termine ici-bas notre frêle carrière,
Et vient nous engloutir au sein de la poussière.

MALESHERBES reçois du haut du firmament
Le culte que l'on doit à ton grand dévoûment.
Assis près de ton Roi, dans la céleste voûte,
Tu prends part à nos vœux, ta vertu les écoute,
Et tu vois replacé sur le trône des lis
Un digne rejeton du sang de Saint-Louis.
Il nous a tout donné ce que voulait ton ame ;
Pour le bonheur public un beau zèle l'enflamme.
Nous avons traversé des temps trop douloureux,
Et nous avons souffert des maux calamiteux.
Du globe la moitié contre nous conjurée
Aurait, hélas ! rendu notre perte assurée.
La France eût disparu du sein des nations ;
Nous allions périr sous ses destructions.
Avec l'Europe entière il nous reconcilie,
Sous son sceptre adoré tout Français se rallie.

www.ingramcontent.com/pod-product-compliance
Lightning Source LLC
Chambersburg PA
CBHW060638050426
42451CB00012B/2657